Agenda de Senhas

Agendas e Cadernos

CreateSpace, Charleston SC
© Agendas e Cadernos

Nome	Data
Endereço web	
Nome de usuário	
Senha	PIN
Perguntas de segurança/notas	

Nome	Data
Endereço web	
Nome de usuário	
Senha	PIN
Perguntas de segurança/notas	

Nome	Data
Endereço web	
Nome de usuário	
Senha	PIN
Perguntas de segurança/notas	

A

Nome	Data
Endereço web	
Nome de usuário	
Senha	PIN
Perguntas de segurança/notas	

Nome	Data
Endereço web	
Nome de usuário	
Senha	PIN
Perguntas de segurança/notas	

Nome	Data
Endereço web	
Nome de usuário	
Senha	PIN
Perguntas de segurança/notas	

Nome	Data
Endereço web	
Nome de usuário	
Senha	PIN
Perguntas de segurança/notas	

Nome	Data
Endereço web	
Nome de usuário	
Senha	PIN
Perguntas de segurança/notas	

Nome	Data
Endereço web	
Nome de usuário	
Senha	PIN
Perguntas de segurança/notas	

Nome	Data
Endereço web	
Nome de usuário	
Senha	PIN
Perguntas de segurança/notas	

Nome	Data
Endereço web	
Nome de usuário	
Senha	PIN
Perguntas de segurança/notas	

Nome	Data
Endereço web	
Nome de usuário	
Senha	PIN
Perguntas de segurança/notas	

Nome	Data
Endereço web	
Nome de usuário	
Senha	PIN
Perguntas de segurança/notas	

Nome	Data
Endereço web	
Nome de usuário	
Senha	PIN
Perguntas de segurança/notas	

Nome	Data
Endereço web	
Nome de usuário	
Senha	PIN
Perguntas de segurança/notas	

B

Nome	Data
Endereço web	
Nome de usuário	
Senha	PIN
Perguntas de segurança/notas	

Nome	Data
Endereço web	
Nome de usuário	
Senha	PIN
Perguntas de segurança/notas	

Nome	Data
Endereço web	
Nome de usuário	
Senha	PIN
Perguntas de segurança/notas	

Nome	Data
Endereço web	
Nome de usuário	
Senha	PIN
Perguntas de segurança/notas	

Nome	Data
Endereço web	
Nome de usuário	
Senha	PIN
Perguntas de segurança/notas	

Nome	Data
Endereço web	
Nome de usuário	
Senha	PIN
Perguntas de segurança/notas	

B

Nome	Data
Endereço web	
Nome de usuário	
Senha	PIN
Perguntas de segurança/notas	

Nome	Data
Endereço web	
Nome de usuário	
Senha	PIN
Perguntas de segurança/notas	

Nome	Data
Endereço web	
Nome de usuário	
Senha	PIN
Perguntas de segurança/notas	

Nome	Data
Endereço web	
Nome de usuário	
Senha	PIN
Perguntas de segurança/notas	

Nome	Data
Endereço web	
Nome de usuário	
Senha	PIN
Perguntas de segurança/notas	

Nome	Data
Endereço web	
Nome de usuário	
Senha	PIN
Perguntas de segurança/notas	

C

Nome	Data
Endereço web	
Nome de usuário	
Senha	PIN
Perguntas de segurança/notas	

Nome	Data
Endereço web	
Nome de usuário	
Senha	PIN
Perguntas de segurança/notas	

Nome	Data
Endereço web	
Nome de usuário	
Senha	PIN
Perguntas de segurança/notas	

Nome	Data
Endereço web	
Nome de usuário	
Senha	PIN
Perguntas de segurança/notas	

Nome	Data
Endereço web	
Nome de usuário	
Senha	PIN
Perguntas de segurança/notas	

Nome	Data
Endereço web	
Nome de usuário	
Senha	PIN
Perguntas de segurança/notas	

Nome	Data
Endereço web	
Nome de usuário	
Senha	PIN
Perguntas de segurança/notas	

Nome	Data
Endereço web	
Nome de usuário	
Senha	PIN
Perguntas de segurança/notas	

Nome	Data
Endereço web	
Nome de usuário	
Senha	PIN
Perguntas de segurança/notas	

Nome	Data
Endereço web	
Nome de usuário	
Senha	PIN
Perguntas de segurança/notas	

Nome	Data
Endereço web	
Nome de usuário	
Senha	PIN
Perguntas de segurança/notas	

Nome	Data
Endereço web	
Nome de usuário	
Senha	PIN
Perguntas de segurança/notas	

D

Nome	Data
Endereço web	
Nome de usuário	
Senha	PIN
Perguntas de segurança/notas	

Nome	Data
Endereço web	
Nome de usuário	
Senha	PIN
Perguntas de segurança/notas	

Nome	Data
Endereço web	
Nome de usuário	
Senha	PIN
Perguntas de segurança/notas	

D

Nome	Data
Endereço web	
Nome de usuário	
Senha	PIN
Perguntas de segurança/notas	

Nome	Data
Endereço web	
Nome de usuário	
Senha	PIN
Perguntas de segurança/notas	

Nome	Data
Endereço web	
Nome de usuário	
Senha	PIN
Perguntas de segurança/notas	

Nome	Data
Endereço web	
Nome de usuário	
Senha	PIN
Perguntas de segurança/notas	

Nome	Data
Endereço web	
Nome de usuário	
Senha	PIN
Perguntas de segurança/notas	

Nome	Data
Endereço web	
Nome de usuário	
Senha	PIN
Perguntas de segurança/notas	

Nome	Data
Endereço web	
Nome de usuário	
Senha	PIN
Perguntas de segurança/notas	

Nome	Data
Endereço web	
Nome de usuário	
Senha	PIN
Perguntas de segurança/notas	

Nome	Data
Endereço web	
Nome de usuário	
Senha	PIN
Perguntas de segurança/notas	

E

Nome	Data
Endereço web	
Nome de usuário	
Senha	PIN
Perguntas de segurança/notas	

Nome	Data
Endereço web	
Nome de usuário	
Senha	PIN
Perguntas de segurança/notas	

Nome	Data
Endereço web	
Nome de usuário	
Senha	PIN
Perguntas de segurança/notas	

Nome	Data
Endereço web	
Nome de usuário	
Senha	PIN
Perguntas de segurança/notas	

Nome	Data
Endereço web	
Nome de usuário	
Senha	PIN
Perguntas de segurança/notas	

Nome	Data
Endereço web	
Nome de usuário	
Senha	PIN
Perguntas de segurança/notas	

E

Nome	Data
Endereço web	
Nome de usuário	
Senha	PIN
Perguntas de segurança/notas	

Nome	Data
Endereço web	
Nome de usuário	
Senha	PIN
Perguntas de segurança/notas	

Nome	Data
Endereço web	
Nome de usuário	
Senha	PIN
Perguntas de segurança/notas	

Nome	Data
Endereço web	
Nome de usuário	
Senha	PIN
Perguntas de segurança/notas	

Nome	Data
Endereço web	
Nome de usuário	
Senha	PIN
Perguntas de segurança/notas	

Nome	Data
Endereço web	
Nome de usuário	
Senha	PIN
Perguntas de segurança/notas	

F

Nome	Data
Endereço web	
Nome de usuário	
Senha	PIN
Perguntas de segurança/notas	

Nome	Data
Endereço web	
Nome de usuário	
Senha	PIN
Perguntas de segurança/notas	

Nome	Data
Endereço web	
Nome de usuário	
Senha	PIN
Perguntas de segurança/notas	

Nome	Data
Endereço web	
Nome de usuário	
Senha	PIN
Perguntas de segurança/notas	

Nome	Data
Endereço web	
Nome de usuário	
Senha	PIN
Perguntas de segurança/notas	

Nome	Data
Endereço web	
Nome de usuário	
Senha	PIN
Perguntas de segurança/notas	

F

Nome	Data
Endereço web	
Nome de usuário	
Senha	PIN
Perguntas de segurança/notas	

Nome	Data
Endereço web	
Nome de usuário	
Senha	PIN
Perguntas de segurança/notas	

Nome	Data
Endereço web	
Nome de usuário	
Senha	PIN
Perguntas de segurança/notas	

Nome	Data
Endereço web	
Nome de usuário	
Senha	PIN
Perguntas de segurança/notas	

Nome	Data
Endereço web	
Nome de usuário	
Senha	PIN
Perguntas de segurança/notas	

Nome	Data
Endereço web	
Nome de usuário	
Senha	PIN
Perguntas de segurança/notas	

Nome	Data
Endereço web	
Nome de usuário	
Senha	PIN
Perguntas de segurança/notas	

Nome	Data
Endereço web	
Nome de usuário	
Senha	PIN
Perguntas de segurança/notas	

Nome	Data
Endereço web	
Nome de usuário	
Senha	PIN
Perguntas de segurança/notas	

Nome	Data
Endereço web	
Nome de usuário	
Senha	PIN
Perguntas de segurança/notas	

Nome	Data
Endereço web	
Nome de usuário	
Senha	PIN
Perguntas de segurança/notas	

Nome	Data
Endereço web	
Nome de usuário	
Senha	PIN
Perguntas de segurança/notas	

G

Nome	Data
Endereço web	
Nome de usuário	
Senha	PIN
Perguntas de segurança/notas	

Nome	Data
Endereço web	
Nome de usuário	
Senha	PIN
Perguntas de segurança/notas	

Nome	Data
Endereço web	
Nome de usuário	
Senha	PIN
Perguntas de segurança/notas	

Nome	Data
Endereço web	
Nome de usuário	
Senha	PIN
Perguntas de segurança/notas	

Nome	Data
Endereço web	
Nome de usuário	
Senha	PIN
Perguntas de segurança/notas	

Nome	Data
Endereço web	
Nome de usuário	
Senha	PIN
Perguntas de segurança/notas	

Nome	Data
Endereço web	
Nome de usuário	
Senha	PIN
Perguntas de segurança/notas	

Nome	Data
Endereço web	
Nome de usuário	
Senha	PIN
Perguntas de segurança/notas	

Nome	Data
Endereço web	
Nome de usuário	
Senha	PIN
Perguntas de segurança/notas	

Nome	Data
Endereço web	
Nome de usuário	
Senha	PIN
Perguntas de segurança/notas	

Nome	Data
Endereço web	
Nome de usuário	
Senha	PIN
Perguntas de segurança/notas	

Nome	Data
Endereço web	
Nome de usuário	
Senha	PIN
Perguntas de segurança/notas	

H

Nome	Data
Endereço web	
Nome de usuário	
Senha	PIN
Perguntas de segurança/notas	

Nome	Data
Endereço web	
Nome de usuário	
Senha	PIN
Perguntas de segurança/notas	

Nome	Data
Endereço web	
Nome de usuário	
Senha	PIN
Perguntas de segurança/notas	

Nome	Data
Endereço web	
Nome de usuário	
Senha	PIN
Perguntas de segurança/notas	

Nome	Data
Endereço web	
Nome de usuário	
Senha	PIN
Perguntas de segurança/notas	

Nome	Data
Endereço web	
Nome de usuário	
Senha	PIN
Perguntas de segurança/notas	

I

Nome	Data
Endereço web	
Nome de usuário	
Senha	PIN
Perguntas de segurança/notas	

Nome	Data
Endereço web	
Nome de usuário	
Senha	PIN
Perguntas de segurança/notas	

Nome	Data
Endereço web	
Nome de usuário	
Senha	PIN
Perguntas de segurança/notas	

Nome	Data
Endereço web	
Nome de usuário	
Senha	PIN
Perguntas de segurança/notas	

Nome	Data
Endereço web	
Nome de usuário	
Senha	PIN
Perguntas de segurança/notas	

Nome	Data
Endereço web	
Nome de usuário	
Senha	PIN
Perguntas de segurança/notas	

I

Nome	Data
Endereço web	
Nome de usuário	
Senha	PIN
Perguntas de segurança/notas	

Nome	Data
Endereço web	
Nome de usuário	
Senha	PIN
Perguntas de segurança/notas	

Nome	Data
Endereço web	
Nome de usuário	
Senha	PIN
Perguntas de segurança/notas	

Nome	Data
Endereço web	
Nome de usuário	
Senha	PIN
Perguntas de segurança/notas	

Nome	Data
Endereço web	
Nome de usuário	
Senha	PIN
Perguntas de segurança/notas	

Nome	Data
Endereço web	
Nome de usuário	
Senha	PIN
Perguntas de segurança/notas	

J

Nome	Data
Endereço web	
Nome de usuário	
Senha	PIN
Perguntas de segurança/notas	

Nome	Data
Endereço web	
Nome de usuário	
Senha	PIN
Perguntas de segurança/notas	

Nome	Data
Endereço web	
Nome de usuário	
Senha	PIN
Perguntas de segurança/notas	

Nome	Data
Endereço web	
Nome de usuário	
Senha	PIN
Perguntas de segurança/notas	

Nome	Data
Endereço web	
Nome de usuário	
Senha	PIN
Perguntas de segurança/notas	

Nome	Data
Endereço web	
Nome de usuário	
Senha	PIN
Perguntas de segurança/notas	

J

Nome	Data
Endereço web	
Nome de usuário	
Senha	PIN
Perguntas de segurança/notas	

Nome	Data
Endereço web	
Nome de usuário	
Senha	PIN
Perguntas de segurança/notas	

Nome	Data
Endereço web	
Nome de usuário	
Senha	PIN
Perguntas de segurança/notas	

Nome	Data
Endereço web	
Nome de usuário	
Senha	PIN
Perguntas de segurança/notas	

Nome	Data
Endereço web	
Nome de usuário	
Senha	PIN
Perguntas de segurança/notas	

Nome	Data
Endereço web	
Nome de usuário	
Senha	PIN
Perguntas de segurança/notas	

K

Nome	Data
Endereço web	
Nome de usuário	
Senha	PIN
Perguntas de segurança/notas	

Nome	Data
Endereço web	
Nome de usuário	
Senha	PIN
Perguntas de segurança/notas	

Nome	Data
Endereço web	
Nome de usuário	
Senha	PIN
Perguntas de segurança/notas	

Nome	Data
Endereço web	
Nome de usuário	
Senha	PIN
Perguntas de segurança/notas	

Nome	Data
Endereço web	
Nome de usuário	
Senha	PIN
Perguntas de segurança/notas	

Nome	Data
Endereço web	
Nome de usuário	
Senha	PIN
Perguntas de segurança/notas	

K

Nome	Data
Endereço web	
Nome de usuário	
Senha	PIN
Perguntas de segurança/notas	

Nome	Data
Endereço web	
Nome de usuário	
Senha	PIN
Perguntas de segurança/notas	

Nome	Data
Endereço web	
Nome de usuário	
Senha	PIN
Perguntas de segurança/notas	

L

Nome	Data
Endereço web	
Nome de usuário	
Senha	PIN
Perguntas de segurança/notas	

Nome	Data
Endereço web	
Nome de usuário	
Senha	PIN
Perguntas de segurança/notas	

Nome	Data
Endereço web	
Nome de usuário	
Senha	PIN
Perguntas de segurança/notas	

L

Nome	Data
Endereço web	
Nome de usuário	
Senha	PIN
Perguntas de segurança/notas	

Nome	Data
Endereço web	
Nome de usuário	
Senha	PIN
Perguntas de segurança/notas	

Nome	Data
Endereço web	
Nome de usuário	
Senha	PIN
Perguntas de segurança/notas	

Nome	Data
Endereço web	
Nome de usuário	
Senha	PIN
Perguntas de segurança/notas	

Nome	Data
Endereço web	
Nome de usuário	
Senha	PIN
Perguntas de segurança/notas	

Nome	Data
Endereço web	
Nome de usuário	
Senha	PIN
Perguntas de segurança/notas	

L

Nome	Data
Endereço web	
Nome de usuário	
Senha	PIN
Perguntas de segurança/notas	

Nome	Data
Endereço web	
Nome de usuário	
Senha	PIN
Perguntas de segurança/notas	

Nome	Data
Endereço web	
Nome de usuário	
Senha	PIN
Perguntas de segurança/notas	

Nome	Data
Endereço web	
Nome de usuário	
Senha	PIN
Perguntas de segurança/notas	

Nome	Data
Endereço web	
Nome de usuário	
Senha	PIN
Perguntas de segurança/notas	

Nome	Data
Endereço web	
Nome de usuário	
Senha	PIN
Perguntas de segurança/notas	

M

Nome	Data
Endereço web	
Nome de usuário	
Senha	PIN
Perguntas de segurança/notas	

Nome	Data
Endereço web	
Nome de usuário	
Senha	PIN
Perguntas de segurança/notas	

Nome	Data
Endereço web	
Nome de usuário	
Senha	PIN
Perguntas de segurança/notas	

Nome	Data
Endereço web	
Nome de usuário	
Senha	PIN
Perguntas de segurança/notas	

Nome	Data
Endereço web	
Nome de usuário	
Senha	PIN
Perguntas de segurança/notas	

Nome	Data
Endereço web	
Nome de usuário	
Senha	PIN
Perguntas de segurança/notas	

Nome	Data
Endereço web	
Nome de usuário	
Senha	PIN
Perguntas de segurança/notas	

Nome	Data
Endereço web	
Nome de usuário	
Senha	PIN
Perguntas de segurança/notas	

Nome	Data
Endereço web	
Nome de usuário	
Senha	PIN
Perguntas de segurança/notas	

Nome	Data
Endereço web	
Nome de usuário	
Senha	PIN
Perguntas de segurança/notas	

Nome	Data
Endereço web	
Nome de usuário	
Senha	PIN
Perguntas de segurança/notas	

Nome	Data
Endereço web	
Nome de usuário	
Senha	PIN
Perguntas de segurança/notas	

N

Nome	Data
Endereço web	
Nome de usuário	
Senha	PIN
Perguntas de segurança/notas	

Nome	Data
Endereço web	
Nome de usuário	
Senha	PIN
Perguntas de segurança/notas	

Nome	Data
Endereço web	
Nome de usuário	
Senha	PIN
Perguntas de segurança/notas	

Nome	Data
Endereço web	
Nome de usuário	
Senha	PIN
Perguntas de segurança/notas	

Nome	Data
Endereço web	
Nome de usuário	
Senha	PIN
Perguntas de segurança/notas	

Nome	Data
Endereço web	
Nome de usuário	
Senha	PIN
Perguntas de segurança/notas	

Nome	Data
Endereço web	
Nome de usuário	
Senha	PIN
Perguntas de segurança/notas	

Nome	Data
Endereço web	
Nome de usuário	
Senha	PIN
Perguntas de segurança/notas	

Nome	Data
Endereço web	
Nome de usuário	
Senha	PIN
Perguntas de segurança/notas	

Nome	Data
Endereço web	
Nome de usuário	
Senha	PIN
Perguntas de segurança/notas	

Nome	Data
Endereço web	
Nome de usuário	
Senha	PIN
Perguntas de segurança/notas	

Nome	Data
Endereço web	
Nome de usuário	
Senha	PIN
Perguntas de segurança/notas	

Nome	Data
Endereço web	
Nome de usuário	
Senha	PIN
Perguntas de segurança/notas	

Nome	Data
Endereço web	
Nome de usuário	
Senha	PIN
Perguntas de segurança/notas	

Nome	Data
Endereço web	
Nome de usuário	
Senha	PIN
Perguntas de segurança/notas	

Nome	Data
Endereço web	
Nome de usuário	
Senha	PIN
Perguntas de segurança/notas	

Nome	Data
Endereço web	
Nome de usuário	
Senha	PIN
Perguntas de segurança/notas	

Nome	Data
Endereço web	
Nome de usuário	
Senha	PIN
Perguntas de segurança/notas	

Nome	Data
Endereço web	
Nome de usuário	
Senha	PIN
Perguntas de segurança/notas	

Nome	Data
Endereço web	
Nome de usuário	
Senha	PIN
Perguntas de segurança/notas	

Nome	Data
Endereço web	
Nome de usuário	
Senha	PIN
Perguntas de segurança/notas	

Nome	Data
Endereço web	
Nome de usuário	
Senha	PIN
Perguntas de segurança/notas	

Nome	Data
Endereço web	
Nome de usuário	
Senha	PIN
Perguntas de segurança/notas	

Nome	Data
Endereço web	
Nome de usuário	
Senha	PIN
Perguntas de segurança/notas	

P

Nome	Data
Endereço web	
Nome de usuário	
Senha	PIN
Perguntas de segurança/notas	

Nome	Data
Endereço web	
Nome de usuário	
Senha	PIN
Perguntas de segurança/notas	

Nome	Data
Endereço web	
Nome de usuário	
Senha	PIN
Perguntas de segurança/notas	

Nome	Data
Endereço web	
Nome de usuário	
Senha	PIN
Perguntas de segurança/notas	

Nome	Data
Endereço web	
Nome de usuário	
Senha	PIN
Perguntas de segurança/notas	

Nome	Data
Endereço web	
Nome de usuário	
Senha	PIN
Perguntas de segurança/notas	

P

Nome	Data
Endereço web	
Nome de usuário	
Senha	PIN
Perguntas de segurança/notas	

Nome	Data
Endereço web	
Nome de usuário	
Senha	PIN
Perguntas de segurança/notas	

Nome	Data
Endereço web	
Nome de usuário	
Senha	PIN
Perguntas de segurança/notas	

Q

Nome	Data
Endereço web	
Nome de usuário	
Senha	PIN
Perguntas de segurança/notas	

Nome	Data
Endereço web	
Nome de usuário	
Senha	PIN
Perguntas de segurança/notas	

Nome	Data
Endereço web	
Nome de usuário	
Senha	PIN
Perguntas de segurança/notas	

Nome	Data
Endereço web	
Nome de usuário	
Senha	PIN
Perguntas de segurança/notas	

Nome	Data
Endereço web	
Nome de usuário	
Senha	PIN
Perguntas de segurança/notas	

Nome	Data
Endereço web	
Nome de usuário	
Senha	PIN
Perguntas de segurança/notas	

Nome	Data
Endereço web	
Nome de usuário	
Senha	PIN
Perguntas de segurança/notas	

Nome	Data
Endereço web	
Nome de usuário	
Senha	PIN
Perguntas de segurança/notas	

Nome	Data
Endereço web	
Nome de usuário	
Senha	PIN
Perguntas de segurança/notas	

Nome	Data
Endereço web	
Nome de usuário	
Senha	PIN
Perguntas de segurança/notas	

Nome	Data
Endereço web	
Nome de usuário	
Senha	PIN
Perguntas de segurança/notas	

Nome	Data
Endereço web	
Nome de usuário	
Senha	PIN
Perguntas de segurança/notas	

Nome	Data
Endereço web	
Nome de usuário	
Senha	PIN
Perguntas de segurança/notas	

Nome	Data
Endereço web	
Nome de usuário	
Senha	PIN
Perguntas de segurança/notas	

Nome	Data
Endereço web	
Nome de usuário	
Senha	PIN
Perguntas de segurança/notas	

R

Nome	Data
Endereço web	
Nome de usuário	
Senha	PIN
Perguntas de segurança/notas	

Nome	Data
Endereço web	
Nome de usuário	
Senha	PIN
Perguntas de segurança/notas	

Nome	Data
Endereço web	
Nome de usuário	
Senha	PIN
Perguntas de segurança/notas	

Nome	Data
Endereço web	
Nome de usuário	
Senha	PIN
Perguntas de segurança/notas	

Nome	Data
Endereço web	
Nome de usuário	
Senha	PIN
Perguntas de segurança/notas	

Nome	Data
Endereço web	
Nome de usuário	
Senha	PIN
Perguntas de segurança/notas	

R

Nome	Data
Endereço web	
Nome de usuário	
Senha	PIN
Perguntas de segurança/notas	

Nome	Data
Endereço web	
Nome de usuário	
Senha	PIN
Perguntas de segurança/notas	

Nome	Data
Endereço web	
Nome de usuário	
Senha	PIN
Perguntas de segurança/notas	

Nome	Data
Endereço web	
Nome de usuário	
Senha	PIN
Perguntas de segurança/notas	

Nome	Data
Endereço web	
Nome de usuário	
Senha	PIN
Perguntas de segurança/notas	

Nome	Data
Endereço web	
Nome de usuário	
Senha	PIN
Perguntas de segurança/notas	

S

Nome	Data
Endereço web	
Nome de usuário	
Senha	PIN
Perguntas de segurança/notas	

Nome	Data
Endereço web	
Nome de usuário	
Senha	PIN
Perguntas de segurança/notas	

Nome	Data
Endereço web	
Nome de usuário	
Senha	PIN
Perguntas de segurança/notas	

Nome	Data
Endereço web	
Nome de usuário	
Senha	PIN
Perguntas de segurança/notas	

Nome	Data
Endereço web	
Nome de usuário	
Senha	PIN
Perguntas de segurança/notas	

Nome	Data
Endereço web	
Nome de usuário	
Senha	PIN
Perguntas de segurança/notas	

S

Nome	Data
Endereço web	
Nome de usuário	
Senha	PIN
Perguntas de segurança/notas	

Nome	Data
Endereço web	
Nome de usuário	
Senha	PIN
Perguntas de segurança/notas	

Nome	Data
Endereço web	
Nome de usuário	
Senha	PIN
Perguntas de segurança/notas	

Nome	Data
Endereço web	
Nome de usuário	
Senha	PIN
Perguntas de segurança/notas	

Nome	Data
Endereço web	
Nome de usuário	
Senha	PIN
Perguntas de segurança/notas	

Nome	Data
Endereço web	
Nome de usuário	
Senha	PIN
Perguntas de segurança/notas	

T

Nome	Data
Endereço web	
Nome de usuário	
Senha	PIN
Perguntas de segurança/notas	

Nome	Data
Endereço web	
Nome de usuário	
Senha	PIN
Perguntas de segurança/notas	

Nome	Data
Endereço web	
Nome de usuário	
Senha	PIN
Perguntas de segurança/notas	

Nome	Data
Endereço web	
Nome de usuário	
Senha	PIN
Perguntas de segurança/notas	

Nome	Data
Endereço web	
Nome de usuário	
Senha	PIN
Perguntas de segurança/notas	

Nome	Data
Endereço web	
Nome de usuário	
Senha	PIN
Perguntas de segurança/notas	

T

Nome	Data
Endereço web	
Nome de usuário	
Senha	PIN
Perguntas de segurança/notas	

Nome	Data
Endereço web	
Nome de usuário	
Senha	PIN
Perguntas de segurança/notas	

Nome	Data
Endereço web	
Nome de usuário	
Senha	PIN
Perguntas de segurança/notas	

Nome	Data
Endereço web	
Nome de usuário	
Senha	PIN
Perguntas de segurança/notas	

Nome	Data
Endereço web	
Nome de usuário	
Senha	PIN
Perguntas de segurança/notas	

Nome	Data
Endereço web	
Nome de usuário	
Senha	PIN
Perguntas de segurança/notas	

U

Nome	Data
Endereço web	
Nome de usuário	
Senha	PIN
Perguntas de segurança/notas	

Nome	Data
Endereço web	
Nome de usuário	
Senha	PIN
Perguntas de segurança/notas	

Nome	Data
Endereço web	
Nome de usuário	
Senha	PIN
Perguntas de segurança/notas	

Nome	Data
Endereço web	
Nome de usuário	
Senha	PIN
Perguntas de segurança/notas	

Nome	Data
Endereço web	
Nome de usuário	
Senha	PIN
Perguntas de segurança/notas	

Nome	Data
Endereço web	
Nome de usuário	
Senha	PIN
Perguntas de segurança/notas	

Nome	Data
Endereço web	
Nome de usuário	
Senha	PIN
Perguntas de segurança/notas	

Nome	Data
Endereço web	
Nome de usuário	
Senha	PIN
Perguntas de segurança/notas	

Nome	Data
Endereço web	
Nome de usuário	
Senha	PIN
Perguntas de segurança/notas	

Nome	Data
Endereço web	
Nome de usuário	
Senha	PIN
Perguntas de segurança/notas	

Nome	Data
Endereço web	
Nome de usuário	
Senha	PIN
Perguntas de segurança/notas	

Nome	Data
Endereço web	
Nome de usuário	
Senha	PIN
Perguntas de segurança/notas	

Nome	Data
Endereço web	
Nome de usuário	
Senha	PIN
Perguntas de segurança/notas	

Nome	Data
Endereço web	
Nome de usuário	
Senha	PIN
Perguntas de segurança/notas	

Nome	Data
Endereço web	
Nome de usuário	
Senha	PIN
Perguntas de segurança/notas	

Nome	Data
Endereço web	
Nome de usuário	
Senha	PIN
Perguntas de segurança/notas	

Nome	Data
Endereço web	
Nome de usuário	
Senha	PIN
Perguntas de segurança/notas	

Nome	Data
Endereço web	
Nome de usuário	
Senha	PIN
Perguntas de segurança/notas	

Nome	Data
Endereço web	
Nome de usuário	
Senha	PIN
Perguntas de segurança/notas	

Nome	Data
Endereço web	
Nome de usuário	
Senha	PIN
Perguntas de segurança/notas	

Nome	Data
Endereço web	
Nome de usuário	
Senha	PIN
Perguntas de segurança/notas	

Nome	Data
Endereço web	
Nome de usuário	
Senha	PIN
Perguntas de segurança/notas	

Nome	Data
Endereço web	
Nome de usuário	
Senha	PIN
Perguntas de segurança/notas	

Nome	Data
Endereço web	
Nome de usuário	
Senha	PIN
Perguntas de segurança/notas	

Nome	Data
Endereço web	
Nome de usuário	
Senha	PIN
Perguntas de segurança/notas	

Nome	Data
Endereço web	
Nome de usuário	
Senha	PIN
Perguntas de segurança/notas	

Nome	Data
Endereço web	
Nome de usuário	
Senha	PIN
Perguntas de segurança/notas	

X

Nome	Data
Endereço web	
Nome de usuário	
Senha	PIN
Perguntas de segurança/notas	

Nome	Data
Endereço web	
Nome de usuário	
Senha	PIN
Perguntas de segurança/notas	

Nome	Data
Endereço web	
Nome de usuário	
Senha	PIN
Perguntas de segurança/notas	

Nome	Data
Endereço web	
Nome de usuário	
Senha	PIN
Perguntas de segurança/notas	

Nome	Data
Endereço web	
Nome de usuário	
Senha	PIN
Perguntas de segurança/notas	

Nome	Data
Endereço web	
Nome de usuário	
Senha	PIN
Perguntas de segurança/notas	

Nome	Data
Endereço web	
Nome de usuário	
Senha	PIN
Perguntas de segurança/notas	

Nome	Data
Endereço web	
Nome de usuário	
Senha	PIN
Perguntas de segurança/notas	

Nome	Data
Endereço web	
Nome de usuário	
Senha	PIN
Perguntas de segurança/notas	

Nome	Data
Endereço web	
Nome de usuário	
Senha	PIN
Perguntas de segurança/notas	

Nome	Data
Endereço web	
Nome de usuário	
Senha	PIN
Perguntas de segurança/notas	

Nome	Data
Endereço web	
Nome de usuário	
Senha	PIN
Perguntas de segurança/notas	

Nome	Data
Endereço web	
Nome de usuário	
Senha	PIN
Perguntas de segurança/notas	

Nome	Data
Endereço web	
Nome de usuário	
Senha	PIN
Perguntas de segurança/notas	

Nome	Data
Endereço web	
Nome de usuário	
Senha	PIN
Perguntas de segurança/notas	

Nome	Data
Endereço web	
Nome de usuário	
Senha	PIN
Perguntas de segurança/notas	

Nome	Data
Endereço web	
Nome de usuário	
Senha	PIN
Perguntas de segurança/notas	

Nome	Data
Endereço web	
Nome de usuário	
Senha	PIN
Perguntas de segurança/notas	

Nome	Data
Endereço web	
Nome de usuário	
Senha	PIN
Perguntas de segurança/notas	

Nome	Data
Endereço web	
Nome de usuário	
Senha	PIN
Perguntas de segurança/notas	

Nome	Data
Endereço web	
Nome de usuário	
Senha	PIN
Perguntas de segurança/notas	

Z

Nome	Data
Endereço web	
Nome de usuário	
Senha	PIN
Perguntas de segurança/notas	

Nome	Data
Endereço web	
Nome de usuário	
Senha	PIN
Perguntas de segurança/notas	

Nome	Data
Endereço web	
Nome de usuário	
Senha	PIN
Perguntas de segurança/notas	

Agendas e Cadernos
traz uma variedade de cadernos
e agendas essenciais – incluindo
agendas de senhas com o
mesmo interior destas, mas com
diferentes designs de capa.

Para saber mais,
por favor visite
www.lusciousbooks.co.uk/br